AF498040

A mon Pays.

« *Patriâ nihil dulcius, nihil carius,
in vitâ esse debet.* »

Cic.

GOURNAY-EN-BRAY. — IMPRIMERIE LETAILLEUR-ANDRIEUX.

STATISTIQUE

POUR L'ÉTABLISSEMENT

D'UN CHEMIN DE FER

DE BEAUVAIS AU TRÉPORT

LE PLUS COURT DE PARIS A LA MER

ET

PROJET DE COMMUNICATION DIRECTE

SUR LONDRES PAR HASTINGS

GOURNAY-EN-BRAY

A LA LIBRAIRIE LETAILLEUR-ANDRIEUX

PLACE IMPÉRIALE.

—

1856.

INTRODUCTION.

Au moment où les travaux d'une utilité publique reconnue, qui se font de tous côtés, occupent les esprits sérieux, amis du progrès, il n'est pas hors de propos que chacun apporte sa pierre à l'édifice, ou du moins émette librement ses vœux dans l'intérêt général.

En première ligne et à la gloire du XIXe siècle, sont les *Chemins de fer*,

Avec eux l'on voit assurément :

> « Niveler l'abondance,
> » Eparpiller l'argent » (1).

Merveilleuse application de la vapeur, à laquelle est venue se joindre, pour compléter l'œuvre, cette autre création du génie humain, qui porte la pensée avec la rapidité de l'éclair.

Les canaux fécondent les fleuves ces « Chemins qui marchent » suivant l'expression de Pascal; les ports sont agrandis et nos wagons rapprochent tous les peuples en dépit des frontières, bornes de convention.

Mais ce n'est pas ici le lieu d'une dissertation, plus ou moins philosophique, sur la grande question des Chemins de fer, au double point de vue du

---

(1) Béranger: *Les Contrebandiers.*

bien-être de tous, cela est incontestable, et de la sainte-alliance des peuples.

Beauvais, Saint-Paul, la Chapelle, Gournay, Héricourt, Formerie, Aumale, Senarpont, Blangy, Gamaches, Eu & le Tréport.

Deux gares, quatre stations principales et six autres. Tel est notre chemin.

Il continue celui de Creil (tracé direct) et se confond jusqu'à Aumale, avec Beauvais et Amiens allant à Rouen par Gournay.

Combiné de manière à donner satisfaction aux intérêts les plus majeurs, ce projet complétera la ligne importante de Rouen à Reims, et mettra en communication le Hâvre avec le Nord.

D'un autre côté, les avantages de la Bresle ressortent assez des Mémoires que nous avons publiés, ainsi que du Rapport fait à l'assemblée des maires, industriels, commerçants, tenue en l'Hôtel-de-Ville de Blangy, le 6 février 1856, adopté par les conseils départementaux.

Nous ne ferons qu'appuyer nos raisonnements antérieurs de chiffres authentiques pour établir les forces de l'entreprise ; et nous terminerons ce travail par des considérations nouvelles (la matière est inépuisable) touchant notre belle vallée, si riche d'avenir, à l'extrémité de laquelle se trouve un port qui deviendra, tôt ou tard, l'intermédiaire naturel entre *Paris et Londres.*

PREMIÈRE PARTIE.

Section de Beauvais à Aumale.

I.

Tout le monde connaît la ville que Jeanne Hachette a glorieusement défendue, et ses tapis renommés à l'instar des Gobelins.

Quinze mille habitants peuplent ce chef-lieu de département, le plus voisin de la capitale après Versailles et Melun.

Il sera notre point de départ.

II.

En sortant de Beauvais, nous laissons le Thérain sur la droite, avec Saint-Just-les-Marais, et de Goincourt allons poser notre première station au becquet de Saint-Paul.

Ici commence pour nous une industrie qui remonte jusqu'au Bray Normand : la *poterie* en grès, l'extraction de terres céramiques ou réfractaires, expédiées par toute la France, même à l'étranger.

Notons une manufacture de faïences (1), blanche et brune, à l'épreuve du feu, la préparation des cendres vitrioliques.

Ajoutons que Saint-Paul, aux portes de Beauvais, desservira toutes les communes du canton d'Auneuil qui alimentent les marchés de cette ville, et sera toujours un but de promenade offert aux habitants.

---

(1) *L'Italienne*, nom qui vient des fondateurs.

III.

Centre de fabrication, au pied des riches coteaux que baigne l'Avelon, la Chapelle-aux-Pots, comme l'indique son nom, fait toutes sortes de poteries, les tuyaux pour drainage, appareils de chimie. — Partageant la distance entre Beauvais et Gournay, on doit en faire un *canton* avec un *marché*.

500 fournées, à 24,000 kilos, donneront 12,000 tonnes, et chacune absorbant 65 stères de bois, ou 37,000 kilos ; c'est encore au moins 18,000, dont 8,000 que notre chemin, levant toutes les difficultés de transport et de temps, apportera bien des forêts éloignées.

Armentières en dépend, et, d'un côté le canton du Coudray, les campagnes qui bordent le Thérain de l'autre, enverront leurs produits à la Chapelle.

Citerons-nous, près du vivier d'Angers, qu'on dessécha pour en faire une immense bouverie, Ons-en-Bray, Saint-Aubin, pays de culture et d'herbages, exportant des cidres & des veaux sur la capitale, ainsi que Senantes, dont l'origine remonte aux Senans, espèce de druides qui exerçaient leur culte dans le nord des Gaules?

On approche de Gournay : voici Blacourt, puis de gras pâturages, et l'arbre chéri des Normands, dont la liqueur, doucement irritante, peut remplacer la bière et le jus de raisin.

IV.

Point de bifurcation des chemins projetés de Beauvais à Rouen et au Tréport, Gournay, sur les rives gracieuses de l'Epte, qui passe à Gisors, et dans un pays très-sain, est une jolie ville rivalisant, pour les marchés, avec ceux de Beauvais.

4,000 âmes, Tribunal de Commerce plus important qu'à Neufchâtel, imprimerie et journal, hôtels confortables d'où partent des voitures dans toutes les directions, elle sera le Creil de nos lignes (1).

Le *mardi* de chaque semaine, il s'y fait un mouvement d'affaires, en bestiaux, céréales et denrées, qu'on évalue à 300,000 fr. Ce jour-là, toute la ville est en fête, elle est parée de son abondance, et l'on y vient de dix lieues à la ronde. En outre, des fourgons arrivent la veille et partent le lendemain pour la revente des produits.

---

(1) Un embranchement de Pontoise à Gournay, par Marines et Gisors, compléterait notre système de ramifications.

52 marchés l'an donnent, au plus bas, 15,000,000 fr. ainsi répartis :

D'octobre en mars. . . . . 5,000,000 fr.
D'avril en septembre. 10,000,000
      ÉGALITÉ. . . . . . . 15,000,000 fr.

Sans compter la vente en fraude des droits, les envois directs à la criée de Paris; le chiffre est doublé.

N'oublions pas les transports d'argent.

Les *beurres de Gournay*, compris dans la vente pour deux tiers, font la réputation du pays de Bray, sans oublier, malgré sa petitesse, le fromage de Neufchâtel,

   « Et des ruisseaux de lait circulent dans la plaine. »

Sur la grande place, une vaste halle, fermée de grilles, ne sert qu'aux beurres & fromages. Construite en 1825, sous le ministère de M. Siméon (le père du sénateur actuel, ancien préfet de la Somme), elle coûta 50,000 fr.

Gournay fournit à l'approvisionnement de Paris : c'est l'*Entrepôt des denrées*, un marché de la capitale, dont il suit les accroissements.

Cette station est appelée à rendre de très-grands services à l'agriculture, en lui fournissant les moyens d'écouler ses produits; car ils constituent, avec ceux décrits plus haut, la prospérité de tous les pays (j'entends les campagnes; paysan n'est-il pas synonyme de campagnard?) compris entre Aumale et Beauvais, dont le sol, d'ailleurs si fécond, ne s'est jamais ouvert aux spéculations industrielles.

Consultons nos forces :

IMPORTATIONS-EXPORTATIONS.

	Voyageurs en DIRECTION.	March^{dises}. TONNES de 1,000 k.	Bestiaux. NOMBRE.
Route de Paris à Gournay & retour.	12,000		
Route de Gournay à Beauvais.	10,000		
Route de Rouen. . . .	8,000		
Fruits.		40,000	
Roulage & messagerie.		30,000	
Cidre, marée, poteries.		10,000	
Beurre.		5,000	
Œufs, volailles, plantes maraîchères.		3,000	
Bois du Nord & charbon de terre.		2,500	
Fromages.		2,000	
Farines.		1,500	
Laine à Beauvais. . . .		1,000	
Crème & lait sur Paris.		500	
Porcs.			20,000
Veaux, génisses & Beudons.			8,000
Vaches laitières.			6,000
Bœufs (1).			4,000
Chevaux de passage. . .			2,000
Totaux.	30,000	95,500	40,000

Tels sont les produits & transports que Gournay seul peut donner au Chemin de fer. Il convient

---

(1) Le bœuf gras, cette année, venait de Gournay, où se tiendra bientôt, présidé par le Ministre, un Concours agricole des départements.

d'ajouter, par la *fusion* des intérêts avec la ligne d'Amiens à Rouen, les cotons bruts & filés venant de cette ville ou du Hàvre pour nos filatures, la fabrication d'Alsace, de la Suisse, allant à Reims, de même que les marchandises expédiées jusqu'alors par la voie de Grandvillers.

Les usines emploieront la houille, de préférence au bois, que l'on exportera sur Paris. Quelques géologues présument l'existence, dans la Seine-Inférieure, de gisements houillers, pour la recherche desquels une réunion de notables citoyens est constituée.

Enfin, les terres employées dans les fours à verreries & cristalleries, sont extraites aux portes de Gournay (en creusant plus avant, l'on trouve du charbon). Cuy nous donnera 5,000 tonnes, chiffre doublé par le chemin qui permettra de tirer parti des secondes qualités vendues à vil prix dans le pays.

A 20 kilomètres, sur la route de Dieppe, Forges est connue par ses eaux minérales ferrugineuses et acidules thermales valant bien celles de Spa.

L'analyse des *Eaux de Forges* a été faite plusieurs fois d'une manière conforme à la science, et la faveur dont elles jouissent remonte au milieu du xvie siècle.

On cite une reine de France (1) guérie d'une longue stérilité par la fréquentation de ce véritable Eldorado, et la source, cause de guérison, a conservé depuis le nom de *Reinette*. Une autre encore est célèbre, dans ce bel établissement, c'est la *Cardinale*,

---

(1) Anne d'Autriche, mère de Louis XIV.

que visitait le fondateur de l'Académie française.

A l'ombre du grand arbre de Voltaire, Bonaparte, premier consul, trouva le séjour agréable; Buffon, Mme de Sévigné, d'autres personnages ont honoré Forges de leurs visites; mais aujourd'hui la vogue est plus aux bains de mer, et l'on a raison.

Forges, qui fait de la faïence comme Saint-Paul, et prépare également le sulfate de fer, donnerait au chemin à peu près 20,000 tonnes, entrées & sorties, que l'on dirige, pour moitié, sur la capitale.

Une immense quantité de forges couvrait autrefois la contrée: pourquoi plus aujourd'hui? La forêt ne suffisait pas à leur entretien; mais l'industrie moderne a du charbon. — Le nom de Ferrières, près Gournay, rappelle aussi les mines de fer qu'on y exploitait alors; sont-elles donc épuisées? Le fer se rencontre partout dans le pays de Bray.

Industrie spéciale, admise à l'Exposition (lunettes, lorgnons, et tout ce qui concerne l'optique de Picardie), Songeons, par Gerberoy, vient alimenter Gournay.

Les récoltes du canton présentent un excédant de 100,000 hectolitres sur la consommation, et les fabriques de carreaux à paver 10,000 tonnes, dont moitié, on le promet, suivra notre Chemin.

1,200 bestiaux pour les boucheries d'Amiens & de Beauvais, beurre à Paris, cidres & pommes.

Le marché de la semaine, un grand tous les mois, et foires dans l'année, assurent encore du mouvement.

Tel est, de ce côté, le résultat de nos investigations.

V.

Nous avons quitté les bords de l'Epte, gagnons la source du Thérain, dont le cours est opposé à celui de notre rivière ; suivant la limite des départements de la Seine-Inférieure & de l'Oise, en face de vallons agréables et sur le penchant d'une colline, est Saint-Samson, qui dépend d'Héricourt.

L'expérience apprend que le service des localités intermédiaires joue un puissant rôle dans la circulation des chemins de fer, et qu'il en faut tenir grand compte pour déterminer les tracés.

Quoique secondaire, notre station pittoresque n'en est pas moins utile, et doit être considérée sous le rapport des intérêts agricoles plutôt qu'autrement. — Ainsi des autres jusqu'à la vallée de Bresle.

Toutefois, nous retrouvons ici les poteries de la Chapelle, avec l'extraction des terres de Mercatel, à Villers, celles de Canny, et 100,000 creusets pour la fonte des métaux.

A notre avantage, le bourg de Gaillefontaine ou Gaie-Fontaine (1) aura le choix, pour l'alternative de ses affaires, entre cette station & la suivante.

---

(1) Où réside la veuve de l'illustre général qui eut la gloire, à 29 ans, de pacifier la Vendée :

« . . . . aux âmes bien nées,
La valeur n'attend pas le nombre des années. »
CORNEILLE.

VI.

Mieux placé pour les communications, Formerie a des marchés considérables ; c'est un important bourg et chef-lieu de canton.

Nous sommes heureux de pouvoir donner un aperçu des importations-exportations du canton de Formerie :

	ANNÉE COMMUNE.		
	Voyageurs. Aller RETOUR.	March^{dises}. TONNES de 1,000 k.	Bestiaux. NOMBRE.
Routes { de Beauvais. .	5,000		
du Tréport. . .	3,000		
sur Amiens. . .	2,000		
Pommes à cidre. . .		25,000	
Messagers & potiers.		15,000	
Céréales, denrées, fruits & légumes, laines (brutes, peignées & filées). .		6,000	
Terres plastiques, ardoises, bois & charbon, fer, petits pavés.		4,000	
Porcs.			40,000
Volailles (paires). . .			8,000
Vaches grasses et maigres.			5,000
Veaux.			4,000
Chevaux.			3,000
TOTAUX.	10,000	50,000	60,000

On the left, spanning the market and cattle rows: **PAR LES MÊMES VOIES.**

Et sur Amiens, Forges, par Gaillefontaine, irait à Formerie (1).

Allons vite, des sources nombreuses d'alimentation nous attendent, et, cotoyant vers Blargies, prenons un affluent de la Bresle qui nous conduira dans la vallée.

Des ponceaux, encore peu fréquents, jetés çà et là, quelques tranchées à ciel ouvert (nous aimons le grand jour), point d'ouvrages d'art enfin, de difficulté sérieuse, ni dépenses fortes d'entretien, sécurité pour les voyageurs; ainsi nous évitons ces pentes rapides & les courbes dangereuses que l'on rencontrait par Neufchâtel dans le tracé de Saint-Quentin.

En un mot, la grande facilité d'exécution, et plus de produits à ramasser d'un côté que de l'autre, tels sont les motifs qui nous ont déterminé en faveur de Gournay; car, n'en déplaise au chef-lieu d'arrondissement, notre préférence est justifiée d'elle-même à cause de plus grands intérêts, sinon industriels, du moins agricoles et commerciaux, concentrés vers ce dernier point. — Creil ne l'a-t-il pas emporté sur Clermont?

---

(1) Les terrains montueux de la Seine-Inférieure sont l'effet d'une arête qui s'étend de Formerie au Hàvre; ici donc sera le point culminant.

SECONDE PARTIE.

VALLÉE DE BRESLE

Industrie. — Marine.

CONSIDÉRATIONS GÉNÉRALES.

—

La rivière dont nous allons suivre le cours jusqu'à la mer, et qui alimente tant d'industries diverses, méritera de fixer plus d'une fois notre attention.

Qu'elle prenne sa source où on voudra, c'est à Aumale que la Bresle anciennement Briselle, acquiert une importance notable.

A partir de cet endroit, jusqu'à 6 kilomètres en amont de l'embouchure, elle limite les départements de la Somme et de la Seine-Inférieure; le chemin de fer leur sera donc aussi limitrophe en traversant quatre villes (Aumale, Blangy, Eu, le Tréport, où il doit aboutir), deux bourgs (Senarpont, Gamaches), une trentaine de communes rurales et des hameaux en dépendant.

Presque partout la rivière se divise en deux bras, qui portent les noms de Bresle et de Méline, véritables Naïades s'enlaçant comme des sœurs; l'industrie, aux allures moins poétiques, a rectifié ce cours aventureux, afin d'améliorer, par une grande force de chûtes, la position des cent dix usines qu'elles mettent en mouvement (1).

Aux calculs des ingénieurs, la pente totale est de 120 mètres, et la force motrice théorique serait de 5,800 chevaux; mais, à raison du rendement effectif des machines, elle ne doit être comptée que pour 4,500. Un quart, à peine, est utilisé; or, les usines avec leurs dépendances et outillages, ont une valeur d'environ 6,000,000 fr.; l'industrie peut donc puiser encore dans les eaux de la Bresle, un avenir d'au moins 25,000,000 fr.

N'est-ce pas dire assez le parti qu'on pourra tirer bientôt, nous l'espérons, de tous ces éléments de prospérité, quand la vie et le branle seront enfin donnés. En supposant même l'hydraulique épuisée, reste la vapeur, à la différence que la houille s'achète, tandis que l'eau ne coûte rien; sans eau, pas de véritable industrie, et sans l'industrie, point d'activité suffisante pour rendre productif un chemin de fer.

---

(1) Pour en assurer le jeu et satisfaire aux besoins de l'agriculture, au moyen d'un réglement d'eau, la vallée industrielle est divisée en syndicats (d'Aumale à Blangy, lieu des réunions, de cette ville au Tréport), et le régime des rivières sous la surveillance de gardes spéciaux dans les deux sections.

VII.

Aumale, où s'opère la jonction de trois départements des plus riches que nous ayons, dont l'industrie et le commerce d'après le produit des patentes, équivalent à ceux de quatorze autres, deviendra point central de la circulation entre Beauvais et le Tréport, Amiens et Rouen.

Un collége communal estimé, le seul de tout l'arrondissement (il n'y en a point à Neufchâtel), attire encore du monde en cette ville.

Mais il nous faut des chiffres, constatons le mouvement commercial :

VILLE D'AUMALE.

	Importions.	Exportions.
Pommes & poires..............		12,000
Œufs.....................		4,550
Verreries.................	1,900	1,590
Terre glaise..............		1,600
Farines..................	60	1,290
Céréales.................	1,120	780
Avoines..................		1,040
Bois, charbon, écorces......		980
Orges....................		937
Épiceries, huiles & savons....	820	
Graines..................		733
Vins & eaux-de-vie.........	600	
Légumes..................	500	
Fourrages................		500
Produits divers, compris les bestiaux	5,000	4,000
Poids en tonnes..........	10,000	30,000

Par ce tableau, relevé officiel des qualités et quantités de marchandises fournies dans une année au roulage, que le chemin de fer est destiné à remplacer, les expéditions l'emportent de beaucoup, (20,000 tonnes) sur les arrivées, ce qui prouve incontestablement la richesse du pays. Et la circulation n'est pas moins considérable sur toutes les routes qui aboutissent à cet endroit.

Grandvillers correspond tous les jours avec Aumale et Formerie; les productions locales y sont l'objet d'un commerce qui consiste en : fournitures d'avoines pour les garnisons de Paris, d'Amiens et de Beauvais, autres grains, bestiaux et livraisons de chevaux.

L'agriculture, avec raison, met au rang de ses intérêts les plus sérieux, l'importance des *marchés* où elle peut amener ses produits, mais on voudrait qu'ils eussent lieu tous le même jour, et seulement au chef-lieu de canton, avec défense au colportage, d'étaler toute une semaine devant nos portes, des marchandises que possède la localité. Ces mesures, d'une utilité générale, auront pour effet de les rendre meilleurs en fixant le cours des marchandises plus régulièrement, de protéger enfin le commerce sédentaire contre l'envahissement successif des affaires, par l'ambulant qui ne paie pas toujours patente.

Feuquières et Molliens, par des relations avec la Marine, Amiens et le Santerre, viendront gagner Aumale, se réservant Formerie pour aller sur Beauvais, Rouen ou bien Paris; fabrication au métier circulaire, de bas et de bonnets; répandue aux villages d'alentour, elle représente un chiffre d'environ 3,000,000 fr.

Revenons à notre agréable Tempée, le cœur plein d'espérance, et ne sortons plus de la ligne que nous y avons tracée d'Aumale au Tréport, en suivant la rivière qui passe à Blangy.

Les communications deviennent faciles en se multipliant, les ressources plus grandes, et sur une longueur de 5 myriamètres, il n'y a pour ainsi dire, que des rails à poser, notre chemin étant aussi *le moins coûteux* qu'on puisse exécuter de Paris à la mer.

Voici Neuville, Beaucamp, des lainages et toiles qui s'écoulent en grande partie vers la capitale, le Vieux-Rouen, avec sa filature et de jolis moulins, d'autres communes, dont les bons et industrieux habitants, viendront peupler nos stations, exportant des substances alimentaires.

Peut-être, certains lieux nous rappelleraient-ils quelques souvenirs, hélas! attestant la fragilité des choses humaines, si nous avions à faire l'historique du parcours.

La Bresle reçoit plusieurs affluents et de nombreuses sources, qui alimentent des industries particulières à chaque localité versant leurs produits dans notre vallée.

VIII.

Au confluent du Liger, petite rivière qui vient de Liomer avec la Bresle, descendra tout le canton d'Oisemont.

Il serait à désirer que le passage du chemin de fer en ce lieu, déterminât le gouvernement à y transférer le siége de la justice de paix.

Un marché, le jeudi, se tient à Senarpont, quelques moulins y font de blé-farine, et des routes neuves transversent le bourg avec celle nationale de Paris au Tréport.

A cet endroit, la vallée décrit une courbe, nous l'évitons en longeant les côteaux du Court-Val, où se trouve une des six verreries que desservira notre chemin.

La plus considérable de France après Trélon (Nord), pour la verroterie, le service de table et les articles de chimie, elle charge 20,000 kilos par semaine, soit annuellement plus d'un million de beau verre ou cristal léger qu'on expédie sur Paris et les ports de mer.

Autant de sables venant de Creil, Reims ou Fontainebleau; craies en blocs, sels de soude et autres matières vitrifiables, arriveront par les mêmes voies.

Suivons toujours la Bresle avec une pente dont le maximum n'atteindra pas 3 millimètres 1/2 à l'origine, et serait de 1 ou 2 à son extrémité, de sorte qu'en se maintenant sur la rive gauche au pied des côtes, on facilite l'exploitation d'immenses forêts et le service de nos verreries qui se trouvent de ce côté, entre Gamaches et Senarpont.

Le chemin partage à peu près également au point de jonction avec la route de Saint-Omer, la distance qui sépare Neufchâtel d'Abbeville, et favorise ainsi toutes les campagnes du Pays de Bray pour l'écoulement de leurs produits.

Nous sommes au beau milieu de la vallée dans un site enchanteur, à l'endroit même qui prend le nom de la rivière.

IX.

La contrée que l'on habite est
la seule où notre âme s'attache
par un intérêt patriotique.

Blangy, qui verra sa population atteindre 3,000 ames par la réunion de Bouttencourt, est une ville bien assise au centre de la belle et riche vallée de Bresle.

C'est le chef-lieu d'un canton qui ne compte pas moins de 23 communes, et le seul dont les intérêts soient représentés par deux membres au conseil de l'arrondissement (1).

Outre sa position topographique des plus heureuses, les cours d'eau (il y en a quatre, deux creusés de main d'homme), qui se promènent en capricieux méandres, sous une infinité de ponts et passerelles, sont favorables à l'exploitation d'un grand nombre de manufactures.

Aussi voit-on, chaque année, surgir au milieu de nous des industries nouvelles et de superbes constructions s'élever de tous côtés.

Une société vient encore de se constituer pour

---

(1) Le canton de Neufchâtel n'a que 12,000 habitants, celui de Blangy en possède 15,000.

l'établissement, dans cette ville, d'une *raffinerie* et d'une *distillerie* d'eau-de-vie.

La position, du reste, ne saurait être mieux choisie; entre Neufchâtel, Abbeville, Aumale & Tréport, à 60 kilomètres de toute sucrerie, l'entreprise jouira d'une espèce de monopole, en même temps que notre Chemin, dont l'exécution ne peut se faire attendre, lui assure de faciles débouchés.

Livrons-nous à la culture de la betterave, comme dans le Nord.

8,000 étrangers fréquentent le grand-marché de Blangy, et la foire d'été, qui se tient en juillet, dure plus d'un jour.

Halle aux grains : Chaque semaine, on compte 10,000 fr. d'affaires, en *blé* principalement; et combien ne s'en livre-t-il pas au moulin, qui fut acheté sur échantillons (ainsi le veut, sans doute, la liberté du commerce, ou la complète indépendance de l'agriculture)? c'est 30,000 fr.

Aux prix de 50 fr. les 150 kilogrammes (1), cela fait environ 100,000 kilos; mais, un jour de foire ou franc-marché, il y aura 1,200 sacs équivalant à 200,000 kilos, soit :

Pour les marchés ordinaires. . . .	5,200 tonnes.
— les autres.	2,500
— particuliers.	300
RENDEMENT.	8,000 tonnes.

3/4 s'en vont au dehors.

---

(1) Terme moyen, car il valut cent francs et plus !

Le sol français peut nourrir 100 millions d'habitants, si l'on organisait des légions de travailleurs, et par la création de fermes modèles, en Sologne, dans les Landes, à la faveur d'un beau climat, quand les contrées incultes seront traversées par nos puissants moyens de transports et voies rapides de communications : *Tant vaut l'homme, tant vaut la terre!* elle n'attend, pour devenir fertile, que des bras et des capitaux.

4,000 chevaux livrés par an. . . .	1,000 tonnes.
6,000 vaches, des porcs, moutons.	4,000
CHEVAUX & BESTIAUX. . . .	5,000 tonnes.

Dirigés, en partie, sur Beauvais et la ligne.

Il part de Blangy, toutes les semaines, des voitures chargées de denrées pour la capitale.

Enfin, le commerce de cette ville suit la même proportion qu'à Aumale, et nous l'emportons, sans conteste, par la supériorité de nos industries, la basse vallée jouissant d'un volume d'eau considérable, et touchant au port qui facilite les arrivages.

Blangy possède 14 moulins, dont plusieurs, montés au nouveau système, et que font mouvoir les chûtes de la Bresle; tous les jours ils peuvent moudre, en farines & son, plus de 5,000 kilos, environ 2,000 tonnes expédiées pour 1/2 sur toute la ligne.

On estime le pain de cette ville, et nos boulangers ont des dépôts à Gamaches & Senarpont.

Quantité d'autres moulins, à blé, au tan, et pour les huileries, tournent dans la vallée d'Aumale au Tréport.

Mues par l'eau et la vapeur, les *scieries mécaniques,*
avec leurs chantiers & magasins, expédient en tous
sens. . . . . 800 tonnes.

Bois de pays.	600
Venant en bateaux ⎰ de Norwège. . . .	400
jusqu'à Eu : ⎱ houille & ardoises	200
SOMME. . . . . 2,000 tonnes.	

La fabrique des *savons de Blangy* reçoit par mer
également :

2,000 barriques (huile de palme, potasse, etc.) pe-
sant chacune 250 kilos, 500 t. ⎱ 600 t. ⎱
Charbon de terre 100 t. . . ⎰   ⎰ 800 tonnes.
Caisses & tambours confec-
tionnés dans le pays. . . . . . 200 t. ⎰

Produits expédiés sur Amiens et Rouen. 700 tonnes.

POUR LE MOINS. . . . . . . 1,500 tonnes.

Ateliers de carrosserie, charronnage, instruments
aratoires; bois cintrés, à la vapeur & par procédés
mécaniques; tannerie, cotonnettes (1): 1,200 tonnes.

Dans le sens de nos lignes.

N'oublions pas l'importante brasserie de cette ville,
qui fournit de la bière à Oisemont, Liomer & Senarpont.

Un puits artésien, d'où l'eau jaillit, limpide, à
10 mètres du sol, alimente un réservoir pratiqué
pour les besoins de cet établissement : source iné-

---

(1) La maison de Ramburelles doit venir à Blangy monter un
tissage et faire l'impression.

puisable, elle ne donne pas moins de 500 litres à la minute, ou 7,200,000 par 24 heures.

Autour de la ville et dans les environs sont nos verreries et filatures.

Commençous par les premières; nous en avons cité une qui dépend de Senarpont, reste quatre pour Blangy, et celles de la grande vallée (station de Gamaches).

Le trafic de ces manufactures, qui occupent 1,200 personnes, tant à l'usine que dans le bois, se résume en 800 tonnes provenant de chacune, envoyées de tous côtés, sur un pareil poids de matières premières y arrivant, compris le verre cassé remis en fusion, c'est-à-dire 8,000,000 de kilogrammes avec celle du Courval, 10,000 tonnes.

Maintenant que les grandes lignes sont faites, les expéditions pour le midi, Bordeaux par exemple, se feront sur Paris, au lieu d'être chargées au Hâvre : économie de temps et d'argent, deux choses précieuses en ce monde.

Avant la révolution, il fallait être noble pour exercer le grand art de la verrerie, on connait l'épigramme opposant à l'éclat de cette noblesse une certaine fragilité :

> « Gentilhomme de verre,
> Si vous tombez à terre,
> Adieu les qualités. »

Il n'y a plus de gentilshommes travaillant en chemise, l'épée au côté; les maîtres de verreries sont des industriels qui perfectionnent tous les jours, leur fabrication, et les verriers présentent une catégorie d'habiles artisans, formant une sorte d'aristocratie parmi les travailleurs, à cause de leur gain plus élevé, par le mode d'apprentissage, et se recrutant presque toujours dans les mêmes familles, privilége échappé aux coutumes des anciennes corporations.

Autant de filatures se serviront du chemin de la Bresle, à la station principale de Blangy; la *filature du coton*, une des branches précieuses du travail national, constituant, avec l'*art de faire le verre*, et la *mouture des blés*, la plus vulgaire de toutes les industries répandues sur nos bords.

Celles établies dans les bâtiments spacieux de l'ancienne abbaye de Séry, que posséda le célèbre docteur Cabanis (on jugera des autres approximativement), absorbent. . . . . 250,000 kilos.

Balles venant du Hâvre ou par le Tréport.

On expédie le même poids, en cotons filés, sur Amiens & Rouen, déchets aux papeteries de la vallée. 250,000

A PEU PRÈS.	500,000 kilos.
Haut-Ilot, à côté de la précédente.	500,000
ENSEMBLE. . . . :	1,000 tonnes.

Et souvent des machines à transporter.

Les grandes filatures, hydrauliques et à vapeur, se trouvent un peu plus loin, mais on peut le reconnaître déjà, un chemin de fer, circulant au milieu de toutes nos industries, en amènera de nouvelles, en permettant à celles existantes de se donner plus d'extension.

Quelques-unes ont obtenu de justes récompenses, en exposant leurs produits sur le plus brillant théâtre de l'univers.

Il faut bien le reconnaître aujourd'ui, malgré la difficulté des circonstances, les nations tournent leurs pensées de gloire vers les cultes pacifiques de l'industrie, qui créent au lieu de détruire, fortifient et répandent l'idée civilisatrice : *vires acquirit eundo*.

L'ancienne *forêt* des Orléans, qui couronne les côteaux de cette vallée magnifique, où serpente la Bresle, est toujours le centre d'une exploitation considérable, en coupes reglées, de bois et de charbons.

Il faut ajouter :

300,000 paires de sabots, à destination de Paris, d'Amiens et du Tréport.

De superbes chênes (le vent d'Ouest favorisant la circulation de la sève), expédiés pour la marine, sur les ports du littoral, des lattes, écorces et pièces de charpente.

Douves ou tonneaux à conserver les cidres, miels, beurres de Bretagne et de basse Normandie.

Forêt giboyeuse en daims et chevreuils (1).

La surface totale des *prés* qu'arrose la Bresle est de 1,200 hectares, dont les produits varient, en pre-

---

(1) Blangy est le chef-lieu d'une inspection forestière, comprenant les arrondissements de Dieppe et Neufchâtel.

mière coupe et regain, de 10 à 14,000 kilos par hectare, en moyenne 12 tonnes.

Ils représentent une valeur d'environ 8,000,000 fr.

Missis est in herbâ, disaient les anciens, Varron, le plus savant des Romains, Columelle, en ses ouvrages, et Caton, qui ne mérite pas moins de gloire pour son *Traité d'agriculture* que pour son inflexible vertu.

Seulement, faisons la part des lieux & des climats; d'irrigations pas trop n'en faut, dans nos pays brumeux, si l'on ne préfère la quantité à la qualité des fourrages.

On expédie, sur Paris et le Nord, 4,000,000 kilos, réduits à un très-petit volume, avec l'appareil du général Morin.

Les eaux fécondes de la Bresle fournissent à l'agriculture de véritables richesses, à l'industrie de puissants moteurs, et sont très-poissonneuses : on y pêche la truite saumonée, des anguilles à mettre à la broche, et de belles écrevisses, que tirent de nos réservoirs les plus fameux restaurateurs de la capitale.

Avantageusement situé entre Blangy et Neufchâtel, le bourg de Foucarmont nous donnera bien des produits et des voyageurs.

Ensuite l'activité que développe un chemin de fer, sur tous les points de son parcours, loin d'être absorbé par lui seul, se propage à tout ce qui l'environne.

Allons à Gamaches, nous y verrons ce qu'en temps normal peut faire l'industrie, avec la puissance des capitaux, la sécurité de l'association.

Chemin faisant, remarquons le moulin de Hollande, à Montchaux près Blangy, ainsi nommé (les Van-Robay) qui vint s'y établir en 1663 : jolie propriété que possède un industriel des plus distingués (1).

100,000 kilos de savons, sels de soude et autres matières dégraissent les draps, qu'on foule ensuite, pour les rendre à la manufacture, nationale depuis Colbert, son fondateur.

Les agrandissements projetés, pour la fabrication d'Abbeville s'étendront nécessairement au moulin à foulon.

Papeterie de Monthières : Chûte d'une grande puissance hydraulique et machine à vapeur.

La Lignéenne est une société qui vient de se constituer, au capital d'un million, divisé en 10,000 actions de 100 fr., pour la fabrication de papiers et cartons avec le *lignum*, ou pâte extraite des fibres et filaments du bois.

Cette industrie nouvelle, par brevet d'invention, comprend les papiers d'emballage, bubl, de tenture, ou demi-blanc, fournit à la presse et l'administration des postes.

Par suite d'expériences, le lignum, qui présente, comparé aux autres substances, une économie de 20 p. 100, est appliquée au moulage, à l'ornemen-

---

(1) M. Randoing, député au Corps législatif.

tation, au parquetage, et sert même, rendu imperméable, à couvrir nos maisons.

Combustible, matières, expéditions, 1,000 tonnes.

Autour de nous bien d'autres chûtes sont faiblement utilisées, notre moulin aux armures est dans les mêmes conditions.

En 1472, après avoir échoué devant le courage des femmes de Beauvais, Charles-le-Téméraire descendit vers la mer, se jetant sur Blangy « ville du comté d'Eu, remplie de tous biens », dit Monstrelet, qui ne comptait pas moins de 12,000 âmes : elle fut brûlée par les Bourguignons; de là un droit d'usage au bois, pour le chauffage et pour reconstruire des maisons (1).

Ubi Traja fuit; Blangy fut donc une ville assez importante, et peut-être serait-il permis, à voir nos progrès constants, espérer un nouvel avenir; puisse la vieille cité Blangeoise renaître de ses cendres : tant de villes ne doivent leur prospérité qu'à l'établissement d'industries, favorisées par la nature des lieux, ou établies par le patriotisme des habitants !

---

(1) L'hôpital de Blangy seul en profite aujourd'hui, sur notre réclamation.

X.

Gamaches est un chef-lieu de canton à égale distance de Blangy que Senarpont (1).

Nous arrivons tout prêt de la grande filature, à qui cette station doit une partie de son importance.

Monté par actions, (2,000,000 fr. cotés à la bourse filature de la Bresle), cet établissement de premier ordre, un des plus beaux de la France, occupe environ 400 ouvriers : 30,000 broches y sont en mouvement.

Les entrées et sorties se résument tous les jours, en 5 ou 6 tonnes; par an. . . . . 2,000 tonnes.

Cotons venant du Hâvre ou de Liverpool.

Trente moulins à blé, dans le canton, moudent 6,000 tonnes.

Fonderies et ateliers de machines, étendant le cercle de leurs affaires aux villes que notre chemin reliera dans une communauté de rapports et d'intérêts, 2,000 tonnes.

---

(1) Gamaches et Senarpont font partie de la Somme.

Une distillerie vient de se monter; nous ignorons encore les arrivages et les sorties, mais elle est en bonne voie de prospérité.

Tissage mécanique de toiles à navires, où 10 métiers marchent déjà, qui font chacun 2 pièces et demie par jour.

Petite filature de chanvres et de lins, qui pourra prendre aussi de l'extension.

Et le transport des marchandises ainsi que des voyageurs, à la station de Gamaches, se fera convenablement par une maison de roulage, ayant une entreprise de messagerie et des rapports avec toutes les localités environnantes.

Complétons nos renseignements sur le canton et son chef-lieu par les chiffres suivants, recueillis auprès de l'administration locale et du commerce :

PRODUITS	**Industriels.**	
	Serrurerie. . .	60 tonnes.
	Chiffons. . . .	100 tonnes.
	Houille.	1,130 tonnes.
	Bois.	100,000 quint. métr.
	Charbon. . . .	20 tonnes.
	Bobines.. . . .	260 quint. métr.
	Access^{res} de filat.	200 tonnes.
	Agricoles.	
	Chanvre & lin.	1,000 quint. métr.
	Céréales. . . .	600 quint. métr.
	Graines oléagin.	140 quint. métr.
MOTEURS	**Hydrauliques**	Sur la Bresle, 23.
		Sur la Vimeuse, 3me affluent, 12.
	A vapeur (force de 100 chevaux), celui de la filature.	

On compte, à Gamaches, 800 ouvriers, sur une population de 2,000 habitants.

IMPORTANCE des **MARCHÉS.**	800 hectolitres de blé.
	300 — d'avoine.
	500 — d'orge.
	300 chevaux.
	400 vaches.
	300 porcs.
	500 moutons.
	100 kilos beurre.
	500 têtes de volailles.
	1,000 quint. métriq. de rouennerie par mois.

6,000 étrangers vont au marché de Gamaches, et, pour la dernière fois, l'industrie vitrique charge sur nos wagons ses lourdes harasses.

Encore une filature, et des plus belles (nous sommes à Incheville) expédiant, comme les autres, sur Amiens et Rouen, quelquefois à Paris :

500,000 fr. d'affaires et 150 ouvriers.

Regrettons, ici, le triste emploi que l'on fait d'une chûte hydraulique, forte de 100 chevaux : nous en aurions d'autres à citer, mais l'industrie bientôt saura, nous l'espérons, tirer partie de ces richesses.

Une autre plus petite, à Beauchamp, que nous allions oublier.

Les moulins d'Aoust, un peu plus loin (sur les ruines d'Auguste), livrent des huiles au commerce, du tourteau pour engraisser nos terres, ainsi que les bestiaux.

A *Ponts et Marais*, la papeterie Varrall, qui s'agrandit par des travaux en cours d'exécution roule sur un chiffre de 500,000 fr.

Papier goudron, spécialité pour enveloppes, 60 tonnes expédiées, chaque mois, de Ponts aux Batignoles ; avec le rapport. . . . . 1,000 tonnes.

Cette usine remarquable couronnerait dignement le but de nos efforts, si de nouvelles explorations ne nous attendaient.

Le terme du voyage approche, on aperçoit les falaises du Tréport, et cet élégant château que nous voyons, dominant la vallée, ne l'indique-t-il pas, en évoquant bien des souvenirs.

XI.

Sur la rive gauche de la Bresle, *Eu* se trouve à 3 kilomètres de la mer, notre rivière ayant le rare privilége de ne donner ses eaux qu'à l'Océan.

L'industrie seule des Eudois, leur patriotisme, ont enfin relevé cette ville, surnommée l'*Ingénieuse*, de la défaveur dont elle était menacée à la chûte des Orléans; elle présente aujourd'hui le spectacle heureux & animé d'un peuple commerçant.

Il faut dire aussi qu'une partie de sa prospérité lui vient de notre port; car il a cet avantage incontestable sur l'ancienne résidence royale, sa voisine, que jamais humaine révolution ne fera sortir la mer de son immense lit au-delà des limites posées par le *nec plus ultrà* du Créateur.

Une population de 6,000 âmes, avec la garnison, de brillants magasins, où l'assortiment des marchandises le dispute à l'excellence du goût, le gaz promis en même temps que notre Chemin, collége auquel est annexé un cours d'hydrographie, théâtre en hiver, et les hôtels de la place offrant aux voyageurs des omnibus à la mer.

Tels sont les avantages et agréments que présente la ville d'Eu.

Arrêtons-nous devant le château qu'aimait à visiter le roi-citoyen, avec sa nombreuse et charmante famille, loin du tracas des affaires gouvernementales, et pour se distraire des fatigues du monde, quoiqu'il y reçut des hommages et bien des vœux, signât des ordonnances ayant force de loi.

Bâti vers le XIIe siècle, il fut successivement la demeure des Guise, l'habitation chérie de la grande Mademoiselle, qui s'y plaisaient en automne (ils sont toujours beaux dans nos pays), avant d'appartenir au duc de Penthièvre, que sauvegardèrent, pendant la fuite de Louis XVI, les bons habitants du pays, et dont l'unique héritière était la duchesse d'Orléans, mère du roi Louis-Philippe.

L'architecture en est simple, mais d'un aspect grandiose, et la génération actuelle jouit encore du poétique ombrage des ormes plantés sur les dessins de Lenôtre : il y a quelque analogie entre ce palais et nos Tuileries. 60 appartements de maître, 250 logements de suite, des écuries pour 130 chevaux, des remises pour 60 voitures : telle en est la distribution. La rivière de Bresle, qui coule au bas du parc, lui fournit ses eaux, et du pavillon Joinville on découvre la mer.

Petit Versailles, le château d'Eu fut un temple de la gloire : des tableaux historiques et de famille ornaient plusieurs galeries désertes aujourd'hui. Jeanne-d'Arc, détenue au Crotoy, prisonnière des Anglais, fut conduite à Rouen par la ville d'Eu ; elle y séjourna dans une prison qui formait l'angle nord du bâtiment actuel, nommée la Fosse aux Lions.

Construite à la même époque, et tenant au château, l'église Notre-Dame, petite cathédrale que le roi voulait transporter ailleurs, servit de sépulture à plusieurs des princes qui ont possédé le comté d'Eu (1).

A ce propos, nous dirons que personne ne comprend l'abandon dans lequel, depuis plusieurs années, reste *le château d'Eu.* Nous en avons provoqué l'occupation par la nouvelle cour, ne fut-ce qu'à la saison des bains qui faisait d'Eu, pour Louis-Philippe, avec le souvenir de ses ancêtres, une résidence de prédilection.

Espérons tout de l'avenir, constatons notre présent radieux.

Cette ville est ouverte à la navigation :

Port ou *gare d'Eu.*

Marchandises étrangères, 75 navires apportant (houille, bois & grains). . . . .   10,000 tonnes.

Entrées du cabotage, par autant de navires (charbon, ardoise, pierre à batir, froment, graine & fonte de fer   5,000

Total. . . . .   15,000 tonnes.

Les sorties pour. 1/10

---

(1) M. Vatout, dans ses *Résidences royales,* consacre un volume au château d'Eu.

Elles consistent en tourteau de colza, briques, semences, avoines et farines.

Les anciens *moulins* du Roi, sous la raison Packham, et cotés à la bourse comme la filature de Gamaches, avec 200 ouvriers, roulent sur un chiffre de 6,000,000 fr.

Épuration d'huiles, scieries, biscuits de mer, charbons et bois du nord.

A l'exception du blé, les matières premières y viennent par eau, de même que, sauf les embarquements pour l'Angleterre, la Belgique et les Antilles françaises, l'exportation suivra notre parcours jusqu'à Beauvais.

Deux maisons notables font : l'une 1,200,000 fr. l'autre 600,000 fr. d'affaires, en bois et charbons, grains et graines pour la culture des plantes industrielles.

50,000 sacs de blés arrivent à la halle, et nos fariniers en vont acheter partout suivant les besoins.

Pour les marchés, ils ont la même importance qu'à Neufchâtel et Blangy.

Les autres branches ont trait à l'alimentation, au vêtement, consistent en ustensiles de ménage, articles meublants, confectionnés en ville, et, pour être complet, n'oublions pas l'industrie du bâtiment.

Le commerce de cette ville n'est donc pas seulement local et restreint; car, après le chargement et le déchargement des navires montant jusqu'à Eu, les transports de marchandises et la fabrication occupent un grand nombre de personnes, qui ne sauraient où aller si le canal était fermé à la navigation.

Un pays voisin, le canton d'Ault, nous donnera du poids; son industrie est celle de la ferrure (clés, cadenas, garnitures de porte et de croisée), connue sous le nom de *serrurerie picarde;* elle comprend aussi la grosse quincaillerie, les cylindres ou canelés, broches, ustensiles de filature.

Au nombre de 27, non compris des ateliers inférieurs, les fabriques emploient 3,000 ouvriers, que dirigent 150 patrons.

1,500 tonnes de fer brut manipulés font, pour chaque ouvrier, 1 kilogramme 1/2 par jour; et comme, dans ce chiffre, ne sont pas comptés les fils de laiton, ni les limes, on serait plus exact en posant celui de 2,000 tonnes, avec d'autres cantons et les fonderies 6,000 tonnes.

Cette quantité de matières lourdes, reçu de la capitale par des voies qui sont coûteuses, y retourne quand elle est ouvrée; car presque toutes les industries que nous avons décrites ont leurs dépôts à Paris; une circulation journalière s'établira donc, ne fut-ce qu'à cause d'elles, et pour nos marchés, sur toute la ligne par nous projetée.

D'autre part, les communes comprises entre la Bresle et la petite vallée d'Yères, qui s'étend de Foucarmont à Criel, aussi nombreuses que riches, sont acquises à notre chemin.

Et, pour faciliter les correspondances, on devra poser la station d'Eu au croisement des routes (boulevards macadamisés), qui s'opère en face le joli quartier de cavalerie construit dans le bas de la ville et sur le bord de la rivière, sous le règne assez heureux du dernier de nos rois.

Nous dirons aussi, par anticipation, que les entrepôts du commerce, logements, employés, remises et ateliers nécessaires au matériel de l'exploitation, ne sauraient être mieux placés qu'entre cette ville et notre port, en suivant le canal, au milieu de terrains incultes que la compagnie, pour cette raison, achèterait à bon marché. Plusieurs localités même ont promis céder gratuitement les portions de marais sur lesquels on viendrait à passer forcément; les communes, en ce cas, profitent des sacrifices qu'elles font à l'intérêt public.

Enfin relions, à vue de clocher, deux villes, jalouses de leurs prérogatives : elles n'en feront plus qu'une avec ce trait-d'union.

Voici la mer : n'est-ce pas le but tant désiré ?

XII.

Tréport ! C'est ici qu'il faut jeter l'ancre, ou lâcher notre vapeur.

« Après Constantinople, il n'est rien de si beau » s'écrie le chantre des Messéniennes, à la vue de son Hâvre chéri, dont le nom justifie peu l'importance maritime. Celui de notre port est plus heureux ou significatif; qu'il soit de bonne augure pour les nouvelles destinées que nous lui préparons; mais il y aura toujours la différence du fleuve à la rivière.

Au fond d'une large baie s'étend une plage immense donnant ouverture à un port agréablement situé, que bordent des quais spacieux et bien entretenus. Des jetées, avec brise-lames (tous les ports n'en ont point), s'avancent dans la mer, sous la protection d'un fort qui domine la rade, une des meilleures de toute la côte : pendant le séjour de la reine d'Angleterre, un superbe trois-ponts se fit voir, à la hauteur de Mers (Maris), commune de la Somme, qui tient l'autre bord, Hâvre naturel avant que la rivière ne fut détournée sur le Tréport.

Un canal montant à Eu, devait être continué jusqu'à Blangy, centre industriel de la vallée; mais le temps ne permit-il pas d'accomplir ce projet, ou n'y avait-il, en tout cela, que prétexte pour satisfaire un royal désir d'amener les eaux de la mer sous les fenêtres du château? On n'alla jamais plus loin.

Avant qu'il ne fut question de voies ferrées, le 30 mai 1790, la Constituante, obligée de pourvoir d'urgence aux besoins de nombreux indigents, décretait, parmi les moyens de fournir du travail, l'ouverture d'un canal de Paris à la mer, devant aboucher la rivière du Tréport avec celle de Beauvais, qui se jette dans l'Oise, à Creil d'où part le chemin. Ce rêve brillant de la Convention, notre projet les réalise : Paris deviendra port de mer et la rivale active de Londres.

Un vote de fonds eut lieu, sur le budget de la marine, à la chambre des députés (loi de 1846) : il comprenait des travaux considérables en faveur du Tréport (3,000,000 francs), non rejetés, que nous sachions, mais suspendus à cause des événements qui ont renversé la dynastie de juillet.

Remarquons l'emplacement d'un *bassin* désigné par Vauban, et qu'il coûterait peu d'approprier au service des paquebots sur l'Angleterre, en creusant le chenal ou draguant l'avant-port. Les terrains nécessaires à son établissement furent achetés à Mers, qui en palpa la valeur, et les bois mêmes débités.

D'autres allocations portaient sur le prolongement des môles ou jetées beaucoup plus avant dans la mer, afin que les navires d'un fort tonnage puissent entrer par tous les temps.

Remettons en vigueur ces utiles dépenses : l'état des choses le réclame; occupons utilement la classe ouvrière, qui a tant à souffrir de *la cherté continue des subsistances !*

Considérant les relations de commerce qui règnent entre la France et l'Angleterre, pour faciliter nos rapports avec cette nation amie (la perfide Albion n'est plus qu'une chimère) on comprend toute l'importance d'une ligne internationale, ainsi que des travaux à faire en notre port.

Autres considérations :

Qu'une tempête s'élève dans la Manche, cette mer qui baigne les plus riches contrées de l'Europe, les vents du sud-ouest tournant au nord-ouest, et les navires de l'Océan, s'ils n'ont pu gagner le Hàvre, sont fatalement poussés vers la côte de Picardie, plage inhospitalière, ou sur les bancs de sables mouvants qui obstruent l'embouchure de la Somme, dangereux parages où ils se perdent corps et biens (1); mais un *refuge* est offert aux navigateurs, avant de passer le détroit, *sacra anchora,* l'ancre de miséricorde, une planche de salut : c'est le Tréport.

Il pourrait surtout par une communication rapide avec Paris, devenir un port de commerce très-floris-

(1) Périls qu'on éviterait en resserrant les rives et par la création proposée d'un bassin à flot, avec ports sur la Canche et l'Authie, depuis le Crotoy jusqu'à Boulogne.

sant. Port, railway, dock : triple organe du corps social au point de vue des échanges; l'un reçoit, l'autre transporte, le troisième classe et distribue.

Admettons l'impossibilité de disputer jamais au Hâvre le séjour des grands navires américains apportant les cotons de provenance directe, le Tréport devra tirer, au moyen du cabotage, ces mêmes cotons entreposés à Liverpool, où leur cours est habituellement de 4 % moins élevé que chez nous (le prix de revient réduit par suite des dégrèvements qui ont affranchi ce textile de toute taxe à l'importation), et le chemin de fer, transportant ces cotons à la porte des filatures, en toutes saisons, de nombreux navires augmenteraient les ressources de l'inscription maritime.

Chef-lieu d'un quartier, avec Tribunal pour le commerce de terre & de mer, siégeant à Eu; des armateurs, courtiers, négociants & banquiers, d'intrépides marins connus sous le nom de *Portais*, un chantier de navires, des entrepôts, casernes comme à Eu, dans lesquels on avait installé des états-majors & détachements de toutes armes, lors de la brillante réception que fit à la reine Victoria le roi des Français.

Voilà Tréport que les Parisiens, tous les jours, embellissent par de nouvelles constructions; et quand on sera fixé, comme nous le désirons, sur les travaux à faire, on verra s'opérer de véritables métamorphoses : les rues s'aligneront d'elles-mêmes autour de notre gare, et la ville ne connaîtra plus d'obstacles à ses agrandissements. — Parler chemin de fer, n'est-ce pas traiter une question d'avenir?

La population n'allait, en 1830, qu'à 2,500 âmes, 4,000 aujourd'hui s'y trouvent à l'étroit; mais il y a de quoi s'étendre jusqu'à Mers, et la vallée est grande : *Eu*, le *Tréport* & *Mers*, par leurs accroissements & contiguité, ne font plus qu'une même ville déjà peuplée de *10,000 habitants*.

Observons qu'un chemin de fer excite à voyager; que l'extension de l'industrie dans notre vallée, de la marine en son port, y vont attirer du monde. Ensuite, les changements qu'on apporte dans l'administration locale produisent encore d'autres résultats.

Fît-on du Tréport une sous-préfecture (c'était l'intention du roi Louis-Philippe), j'applaudirais à cet arrangement; car la réunion demandée présente une certaine consistance urbaine tendant à s'augmenter encore, et notre pays jadis relevait du comté-pairie d'Eu qui ressortait, pour la juridiction, du parlement de Paris.

Nous avons proposé ailleurs (1) la création d'un nouveau département, sous le nom de *Seine-Maritime*, ayant *le Hâvre* pour chef-lieu.

Il s'étendrait le long du littoral, des bords de la Seine à la vallée de Bresle, dans une disposition topographique analogue à celle du Nord, qui fait face à la Belgique, en suivant la frontière.

Notre vallée, dans toute son étendue, celle de

---

(1) *Journal du Hâvre*, 21 juillet 1854.

l'Yèrcs, une partie des cantons limitrophes, dépendraient du Tréport; elles en formeraient le contingent territorial.

En résumé, le département de la Seine-Maritime se composerait des arrondissements du Hâvre, de Dieppe, Fécamp, Bolbec & du Tréport.

De son côté, la Seine-Inférieure, ayant toujours pour chef-lieu Rouen, à laquelle seraient annexés les Andelys, détachés de l'Eure, aurait pour limite au sud-est l'Epte, qui séparait la Normandie de l'Ile-de-France.

Elle comprendrait, comme notre département, cinq sous-préfectures, deux de constitution nouvelle, Elbeuf & Gournay.

Trève à cette digression, quoiqu'elle regarde le chemin; laissons parler encore les chiffres : ils ont aussi leur éloquence.

Les produits de notre industrie agricole & manufacturière offrent des résultats plus que satisfaisants (ils ont dépassé même nos espérances). Énumérons-en d'autres non moins importants.

Arrivages de commerce au Tréport :
En 1840   : 150 nav. app[t] 10,000 t. de marchandises.
En 1845   : 225   —   17,000   —
Aujourd'hui : 275   —   20,000   —
Bois venant des rives de la Baltique, ardoises, fer et charbon anglais, minerais, sels, cotons, liquides, graines oléagineuses, denrées coloniales.

Sorties, 10,000 tonnes, pour une valeur de 2,000,000 fr.; huiles, tourteau pour l'Angleterre.

grains, en temps ordinaire, biscuits, verre, éléments de nombreuses cargaisons provoquant des retours non moins avantageux.

Le commerce maritine s'est développé malgré la guerre ; la paix va lui donner une impulsion nouvelle, et quand le chemin de Beauvais ira jusqu'au Tréport, les objets d'art ou fantaisie (articles de Paris), fourniront à l'exportation.

Un immense transit de fontes et d'aciers, pour l'usage de toutes nos industries, s'effectuerait par le Tréport ; les fers anglais, arrivant en plus grande quantité, augmenteront la recette du trésor, nos chemins seraient exécutés promptement, les secondes voies établies, et l'on aurait peut-être moins de malheurs à déplorer. D'ailleurs, en quoi que ce soit, nous n'aimons les demi-moyens, et tenons pour sûr qu'en fait de travaux publics, « rien n'est si cher que le bon marché » (1).

La mer offre des moyens de transports économiques aux charbons de la Grande-Bretagne importés dans le département de la Seine-Inférieure ; les houilles belges, au contraire, ne peuvent y arriver qu'après un long trajet qui en élève singulièrement le prix.

Opposé au système des restrictions douanières, nous avons toujours demandé la révision libérale des tarifs, en ce qui concerne l'abaissement du droit sur la *houille*, pain de l'industrie, le *fer* et les *cotons*.

---

(1) Paroles de Franklin.

La marine marchande étant connue, voyons ce qu'est la pêche :

Attachés au port,

110 bateaux jaugeant 3,000 tonnes.

100 autres y venant de tous côtés faire des pêches saisonnaires (merlans, maquereaux, harengs).

Il se vend au Tréport, dans une année, pour plus de 1,000,000 poisson frais, dont la majeure partie est expédiée sur Paris, où il arrivera tout vivant par notre chemin de fer.

A 0 f. 40 le kilogramme, cela fait, emballage compris, 3,000 tonnes.

Le relevé des salaisons donne :

Harengs paqués,   320,000 k. valant 250,000 f.

— saurs, près de 1,000,000 k. (en nombre) pour 50,000 fr.

Notons enfin 3,000 tonnes d'huîtres moyennes, sortant de nos parcs, et moules de Cayeux, malgré les mois pendant lesquels toutes les coquilles bivalves sont réputées malfaisantes.

Joignant l'utile à l'agréable : *utile dulci.*

BAINS DE MER.

Les voilà pour toujours, en possession de la faveur publique.

Des milliers d'étrangers, parisiens la plupart, recherchent le Tréport, et ce n'est pas la vogue ni le caprice qui les guide en ce choix, mais, outre un air salubre, l'affabilité des habitants, la bonne tenue des bains, et surtout leur proximité de la capitale, notre port offre une plage sûre, commode, agréable, telle enfin que, de l'avis des connaisseurs, il n'en existe point sur tout le littoral.

Sana mens in corpore sano : les eaux marines ont une influence hygiénique incontestable sur notre santé ; « j'estime le baigner, avec Montaigne, et crois que nous encourons nos legières incommodités, pour en négliger la coustume. »

Enfin l'exercice n'est-il pas l'élément de la vigueur? Il facilite les travaux de l'esprit : la proximité d'Eu ne laisse pas que d'avoir ses charmes, et la génération actuelle jouit encore du poétique ombrage des ormes plantés sur les dessins de Lenôtre : sous les verts platanes de l'académie, le divin Platon rêvait à sa république.

Rendue gazeuse et potable, par une bonne préparation, l'eau de mer tient le corps libre, augmente l'appétit, facilite la digestion.

Parlerons-nous des sites pittoresques et variés, que les touristes ont déjà visité, d'antiques ruines, encore debout, s'étonnant des travaux du siècle, de superbes châteaux, jolies maisons de campagne et propriétés de plaisance, échelonnés sur notre passage.

Tirant parti de l'heureuse disposition des lieux, pour être certain que les baigneurs soient traités avec tous les soins et les égards qui leur sont dus, l'autorité locale s'est chargée de l'administration des bains. Elle y fait judicieusement des améliorations et embellissements qu'on a la satisfaction de voir appréciés par les visiteurs de plus en plus nombreux.

20,000 bains ont été pris dans la saison dernière et 18,000 auparavant; du temps de Louis-Philippe, ils atteignaient, à peine, le chiffre de 12,000, à vrai dire, ils ne datent que de son paisible règne : c'est encore une création du roi constitutionnel.

Souhaitons que le monarque, aux mains duquel la providence a remis les destinées de notre chère patrie, mérite un jour la reconnaissance du pays, en protégeant une entreprise à laquelle nous sacrifions nos propres intérêts, car elle est aussi *pleine d'avenir* que *facile d'exécution.*

Napoléon Ier, à qui l'on doit une partie de nos plus belles routes, et la fondation de beaucoup d'industries, faisait marcher le commerce et les travaux publics avec la guerre qui était alors une nécessité de l'époque : *impossible* pour lui n'était pas français.

Lorsqu'en 1812 il vint au Tréport avec Marie-Louise, un arc de triomphe portait cette inscription : *spes pacis;* l'empire soit donc la paix et « les fils de l'Angleterre, pour employer les mots célèbres d'un ambassadeur (1), épouseront les filles de la France, quand Paris et Londres ne seront plus qu'à une journée de distance. »

Tout n'est pas dit sur le compte de notre belle et riche vallée; mais, au vu de nos chiffres seulement, loin d'être subordonnée au chemin de Rouen, avec lequel nous voulons bien fusionner les intérêts par

---

(1) M. de Saint-Aulaire.

le raccordement des deux lignes et leur exécution simultanée, celui du Tréport a sa valeur, qui en assure la prospérité.

On ne saurait engager les capitaux dans une meilleure affaire, et, sinon l'État, la compagnie du Nord, ou celle de l'Ouest, devront exploiter le prolongement de Beauvais, complétant le réseau d'entre la Seine et la Somme.

Les lignes principales sont faites, avons-nous dit, supposant la nôtre indigne de cette qualification; Marseille, Bordeaux, Lyon, Rouen, Toulouse, Nantes, le Hâvre, Lille, Strasbourg ont leurs chemins

> « Courant, en noirs filets, sur les monts nivelés,
> Les fleuves asservis et les vallons comblés. » (1)

Le moment est venu de sillonner la France, en retard sur l'Angleterre et les États-Unis, d'embranchements qui alimenteront ces artères nationales, en faisant jouir la province des avantages dont Paris seul a profité jusqu'alors. Et ces voies nouvelles, sans absorber autant de capitaux que les premières, ne seront pas d'un produit moins certain.

Après la capitale et nos grandes villes, les *ports de mer* et toutes les *vallées* dont l'industrie comporte un chemin de fer.

---

(1) *La Machine à vapeur*, fable de M. VIENNET.

RÉSUMÉ.

DÉPENSES. — PRODUITS.

La question est résolue en faveur de Gournay; concluons pour le Tréport :

En comptant 48 kilomètres à partir d'Aumale, et 200,000 fr. pour chacun, le *Chemin de la Bresle* devra coûter au plus. . . . . 10,000,000 fr.

Les frais d'exploitation seraient de 10,000 fr., soit environ. . . . . . . 500,000 fr.

Supposons l'intérêt et l'amortissement du capital ensemble à 5 %, il nous faut *net* un revenu de. . . . 500,000 fr.

Brut.. . . . . 1,000,000 fr.

C'est un revenu kilométrique de. 20,000 fr.

Le trafic du chemin de Dieppe, en 1850, allait à 15,000 fr.; il dépasse aujourd'hui 20,000 fr., ce qui suppose un transport de 100,000 tonnes et 100,000 voyageurs.

Récapitulons ce que donnera seulement la courte ligne par nous projetée :

Aumale, Blangy, Eu.	120,000	tonnes.
Senarpont, Gamaches.	30,000	
Le Tréport.	50,000	
Dès a présent.	200,000	tonnes.

Différence du double à notre avantage, avec l'économie d'une heure entre Paris & la mer :

Sic Lutetia portus,

Et le chemin sur l'Angleterre ne sera complet qu'en aboutissant au Tréport.

CORDIER-JOLY,

Commerçant à Blangy, membre du Conseil municipal de cette ville.

3 Juin 1856.

GOURNAY-EN-BRAY. — IMPRIMERIE LEFAILLEUR-ANDRIEUX.

LISTE
DES SOUSCRIPTEURS.

VALLÉE DE BRESLE.

LE TRÉPORT.

MM.

Papin, maire.
Leprêtre, premier adjoint.
Massy, second adjoint.
Cauët, courtier de marine.
Levillain, armateur.
Dantresire, id.
Flouest, id.
Bigot, id.
Becquet, maître-d'hôtel.
Romain, id.
Letraistre, id.
Mallet, limonadier.
Guinard, id.
Cagniard, parc aux huîtres.
Romain, brasseur.
Maillard, épiceries.
Lefranc, id.
Leclerc, métaux.
Dancé, saleur.
Lefort, pilote.
Coquet, id.
Douchet, teinturier.
Castot frères, voiliers.
Belleville, boulanger.
Becquemie, id.
Ducorroy, boucher.
Mierlot, propriétaire à Criel.

EU.

MM.

Leconte, maire.
Truelle, adjoint.
Rabion, officier de la Légion-d'Honneur, ancien maire.
Estancelin, ancien député.

MM.

Estancelin, ex-représentant.
Dupuis, conseiller général.
Delattre, avocat,
Richebraque, notaire.
Sevin, banquier.
Witt, courtier.
Mainguet, de la maison Packham.
Bignon, grains.
Beaurain, fers.
Balavoine, bois & charbons.
Savary, brasseur.
Lebeuf, nouveautés.
Caron, toiles.
Levesque, épiceries.
Harel, id.
Taquet, percepteur.
Vanier, chanoine.
Quetier, professeur au collége.
Mortoire & Monnier, entrepreneurs.
Legrand, chev. de la Légion-d'Honneur, architecte.
Brossard (de), chevalier de la Légion-d'Honneur, officier retraité.
Malmain (de), chevalier de la Légion-d'Honneur, propriétaire.
Gromard (de), id.
Verton (de), id.
Chauvenet (de), id.
Villepoix (de), id.
Ruhaut, id.
Félix, id.
Véret, id.
Varale & Comp., papeterie de Ponts.
Roussel, arpenteur à Etalondes.
Delieuvin, chevalier de la Légion-d'Honneur, filateur à Incheville.
Lhomme, huiles, d'Aoust.

MM.
Lottin, farinier, d'Aoust.
Saint-Hardivillers (le comte), propriétaire à Fréville-Escarbotin.
Gauthier jeune, fab. de serrures, id.
Maquenneheu, id.
Depoilly, id.
Hubert-Frévin, limes.
Depoilly, cannelés.
Briez, cylindres.
Dufrien, maire de Woincourt.
Gauthier frères (médaille), ateliers de serrureries (mach. à vapeur.
Ducastel frères, serruriers.
Vaurabourg, marchand de fer.
Davergne, serrurerie, à Feuquières.
Ducorroy, frères, id.
Liévin, id.
Beauvisage, fondeur à Tully.
Boutté, serrures.
Boutté-Féret, id. à Belloy-sur-Mer.
Cattois-Boutté (veuve), cadenas, à Béthencourt.
Tessier, fabricant à la Croix-au-Bailly.

GAMACHES.

MM.
Delattre, maire.
Barbet, adjoint.
Lamothe, notaire.
Brémont (de), filateur.
Calippe, négociant.
Routhier, commission. de roulage.
Renouard, brasseur.
Bouillon, fondeur.
Vacossin et Warmel, tissage mécan.
Ozenne, mécanicien.
Vairrux, distillateur.
Leconte, fabricant de bobines.
Marquis, médecin.
Guerville, pharmacien.
Delasorne, curé-doyen.
Darsy, propriétaire.
Dyer, id.
Roucoullet, id.
Briet, id.
Pecqueux, cultivateur.
Leconte, id.
Parment, ch. de la Lég.-d'Hon. rentier.
Gandon, maire de Beauchamp.
Joly, filateur.
Michaux, propriétaire.
Carbonnier, cultivateur.
Fournier-Valery, maire de Dargnies.
Desmarest frères, fabricants.

MM.
Vatteblet, marchand de serrures.
Guillard, propriétaire.

BLANGY.

MM.
Hubert, maire.
Daillier, ex-maire.
Fréchon, fabricant de savons.
Randoing, officier de la Légion-d'Honneur, manufacturier.
Hémery, id.
Godefroy, juge de paix.
Josse, notaire.
Hesnard, ancien inspecteur des Domaines.
Cordier, ancien receveur des Domaines à Rouen.
Bazin-Joly, négociant à Abbeville.
Acloque, id.
Dessaunais, docteur-ès-lettres, F. P.
Fruictier (Charles), filateur.
Fruictier aîné, propriétaire.
Delacampagne, rentier.
Vigneron, id.
Une dame de cette ville.
Brossard (de), maire de Monchaux.

SENARPONT.

MM.
Feuilloy, maire.
Duval, adjoint.
Prousel, curé.
Cagin, médecin.
Calippe, instituteur communal.
Delcourt, farinier.
Savreux, propriétaire.
Boyenval, id. à Paris.
Boyenval, maire de Neuville, et fabricant de couvertures.
Bouvelet, cultivateur et adjoint.
Dufour, avocat d'Amiens.
Leroux, tissage de toiles à Beaucamp-le-Vieux.
Baude, maire de Beaucamp-le-Jeune.

AUMALE.

MM.
Lecointre, adjoint.
François, ancien maire et cons. gén.
Pollet, cons. d'arrond. à Haudricourt.
Boulen, principal du collége.
Lefan, notaire.

MM.
Deliez, notaire.
Larcher, notaire honoraire.
Dumouchel, recev. de l'enregistrem.
Chauffert, percept. des contributions.
Simon, docteur en médecine.
Cavé, officier de santé.
Govin, id.
Ducroq, pharmacien.
Berneuil, vins et eaux-de-vie.
Camier, id.
Camier, porcelaine et cristaux.
Miellot, épicerie.
Letellier, négociant.
Leblanc, toiles.
Duval, tannerie.
Beaufils, id.
Thiébaut (demoiselles), id.
Thiébaut, propriétaire.
Yvart, nouveautés.
Yvart, chev. de la Lég.-d'Hon., prop.
Boutry-Crevel, huiles et graines.
Beaurain-Crevel, propriétaire.
Crevel-Lebon, id.
Genty-Crevel, id.
Levaillant de Blangermont, id.
Ancelin, id.
Baledan, id.
Couaillet, id.
Blot (madame), id.
Delamarre, farinier.
Digeon, id., à Montmarquet.
Fléchelle, propriétaire, id.
Semichon, maire du Vieux-Rouen.
Sergent, propriétaire, id.
Polleux, filateur à Saint-Germain.
Cauchois, farinier, au Brétizel.
Delabouglise, chev. de la Lég.-d'Hon.
    directeur des Domaines à Beauvais.

MM.
Mariage, négociant à Paris.
Opéron, ancien notaire à Poix.
Claré, de Charmy, conseiller d'arron-
    dissement.
Saint-Aubin (de), conseiller d'arrond.
    (Grandvillers).
Gravet-Zeude, chevalier de la Légion-
    d'Honneur, maire de Feuquières.
Lhotellier, adjoint.
Denoyelle, notaire.
Boillet, docteur médecin.
Guillemette, fab. de chaussons drapés.
Beauchain, commerçant.
Bénard, id.
Deladreue, propriétaire.
Derivière, id.
Cauchois, id.
Badieu, id.
Huet, id.
Demonneville, cultivateur.
Dupuis, marchand de chevaux.
Maton-Contant, maire de Molliens.
Contant, fabricant de bonneterie.
Pillon, propriétaire.
Haudricourt, père, id.
Haudricourt, fabricant de bonneterie.
Haingnerelle, propriétaire.
Haingnerelle frères, fabricants.
Gaston-Leger, fabricant.
Gaston-Prevost, id.
Boulanger, id.
Davenne, id.
Dubourg, id.
Zeude, id.
Devillers, teinturier.
Magnier, mécanicien.
Duponchel, cultivateur.
Herlin frères, maîtres-d'hôtels.

Section d'Aumale à Beauvais.

FORMERIE.

MM.
Ménestrier, conseiller général.
Brossard de Beauchesne, cons. d'ar.
Siou, juge de paix.
Barbementière, maire.
Vitet-Roche, adjoint.
Bottais, notaire.
Yvart, greffier.
Lauga, docteur médecin.

MM.
Royer, propriétaire.
Duchesne, ch. de la Lég.-d'Hon. rent.
Taburet, maire de Gaillefontaine.
Toussaint, adjoint.
Hoche (madame la générale), prop.
Dubus, notaire.
Roussel, notaire honoraire.
Pepin, banquier.
Renault, commerçant.
Longé-Petit, maire de Romescamp.

MM.
Decaux, percepteur.
Testu, médecin.
Beaudreuil, propriétaire.
Heu, id.
Heu, maire de Campeaux.
Dupuis, adjoint.
Labarre, aîné, fabricant de bas.
Labarre, jeune, id.
Leroy, maire de Broquers.
Huet, maire de Monceaux.

HÉRICOURT.

MM.
Le Maire.
Cagé, poteries vernies.
Courtin, gr. pot.
Grasse (comte de), propriétaire.
Lemareschal, id.

SAINT-PAUL.

MM.
Gaillard de Saint-Germain, conseiller
  général.
Signez, maire de Goincourt.
Signez (veuve), faïences & grès.
Gromard, banquier à Beauvais.
Paul, marchand de cidre.

GOURNAY.

MM.
D'Ernemont, conseiller général.
Bourgeois, chevalier de la Légion-
  d'Honneur, maire et cons. d'ar.
Duhamel, adjoint.
Bazin, président. du Tribun. de com.
Béreux, avocat.
Bournisien, propriétaire.
Lebaron, notaire.
Mélicieux, chanoine.
Longé, banquier.
Stabenrath (de), officier de la Lég.-
  d'Hon. prop. ancien officier supér.
Duhamel de Monthurel, propriétaire.
Tourtier (de), id.
Bertaux (Désiré), id.
Boucault, id.
Larcher de Guermont, id.
Gacier d'Auvillers, id.
Renout, anc. entrep. de trav. publics.
Eudel, chev. de la Légion-d'Honneur,
  chef de bataillon en retraite.
Fleury, maître de pension.

MM.
Aubel, pharmacien.
Boulier, id.
Radanne, id.
Levavasseur, id.
Chicot-Hourdou, hôtel du Nord.
Vacossin, vins et eaux-de-vie.
Lhermite, épiceries.
Richebourg, id.
Dehors de Saint-Mandé, orfèvre.
Hubert, marchand de fers.
Chabot-Debas, commerçant.
Dumont-Faucon, id.
Legrand, nouveautés.
Honnet, ancien percepteur.
Dourlens, ex-greffier.
Ménage (Philippe), rentier.
Ménage (Jean-Jacques), id.
Henri, id.
Féré, id.
Thierry fils, id.
Warin, id.
Leroux, bouvier.
Dupont, maire de Ferrières.
Pohier, cultivateur.
Blondel, id.
Courty, id.
Lesage, id.
Rohaut, id.
Delaporte, propr. à Elbeuf-en-Bray.
Boïeldieu, cultivateur à Avesnes.
Pommelle, cultivateur.
Camus, id.
Hacourt, id.
Beaudouin, maire de Cuy-St-Fiacre.
Richebourg, propriétaire.
Radanne, maire de Dampierre.
Dubois, propriétaire.
Demay (veuve), cultivatrice.
Delachaise, commandeur de la Légion-
  d'Honneur, général commandant le
  département de l'Oise.
Pajol (comte), officier de la Légion-
  d'Honneur, lieutenant-colonel du
  1er régiment de carabiniers en gar-
  nison à Versailles.
Gibert, officier de la Lég.-d'Honneur,
  recev. gén. des finances à Beauvais.
Danse, chev. de la Légion-d'Honneur,
  président du tribunal civil.
Noël (Casimir), anc. notaire à Paris.
Salis (de), commandant la garde nationale de Beauvais.
Heu (l'abbé), supérieur du séminaire,
  à Beauvais.
Vatrin fils, propriétaire, id.

MM.
Ricard (Stanislas), prop. à Beauvais.
Raulet, huissier à Gournay.
Garet, agréé, id.
Villers (veuve), commerçante id.
Lonfier, épiceries, id.
Courty (Charles), cultivateur à Saint-Quentin-des-Prés.

LA CHAPELLE.

MM.
Herbé, maire.
Ediève, adjoint.
Vie, propriétaire.
Hutan (Nicolas), M. H. poteries de grès.
Hutan (Simon), id.
Hutan-Joly, id.
Dumontier-Viard, id.
Viard, id.
Lejeune, id.

MM.
Godin (Stanislas), poteries de grès.
Martin (veuve), id.
Bertin (veuve), id., à Armentières.
Morda (Moïse), id.
Morda (François), id.
Delié, maire d'Ons-en-Bray.
Leger, propriétaire.
Lebis, marchand,
Daré, plombure, au Vivier-d'Angers.
Lanquetin, carreaux.
Michel-Walon, cons. gén. à St-Germer.
Bertaux, conseiller d'arrondissem.
Viel, propriétaire à Puiseux.
Ducroq, maire de Songeons, conseiller d'arrondissement.
Letailleur, juge de paix.
Goullencourt, notaire à Songeons.
Songeons (de), propriétaire.
Cozette-Quièvremont, fab. de lunettes.
Cozette, frères, id.

« Telle carrière que vous embrassiez, proposez-vous un but élevé, et mettez à son service une constance inébranlable : *sursum corda*, tenez en haut votre cœur : c'est toute la philosophie. » Nous avons toujours présentes à la mémoire ces nobles paroles de M. COUSIN, triomphant ainsi de bien des obstacles suscités par l'ignorance ou la mauvaise foi. Quant aux âmes d'élite, aux personnes de bon sens, qui marchent dans l'avenir, elles nous encouragent ; tenons à leur estime, et faisons leur ici de publics remercîments.

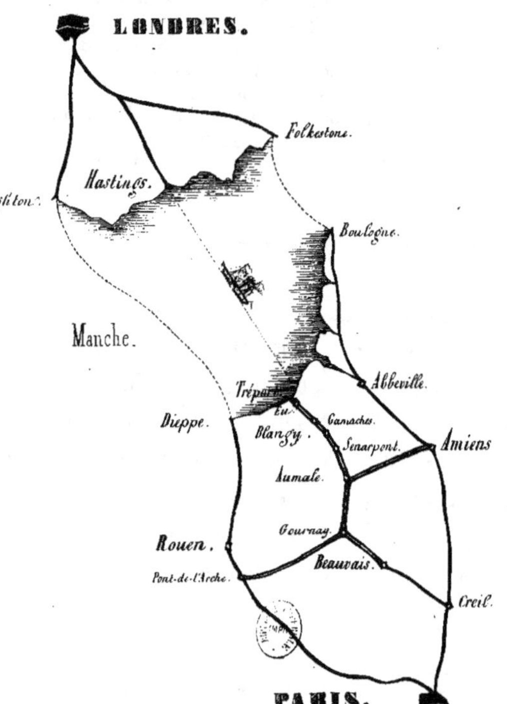

	Distances	Durée du Trajet
	k.	h. m.
Eu	4	0.00
Blangy	24	0.36
Aumale (Amiens)	48	1.12
Gournay (Rouen)	84	2.00
Beauvais	108	2.42
Creil	140	3.30
Paris	180	4.30

Du Tréport à

Grande Vitesse, 3 h.

9 782329 682433